AF143447

TABLE DES MATIERES

Imprimé par Books on Demand GmbH, Norderstedt, Allemagne
ISBN 978-2-9175-8902-1
Dépôt légal : décembre 2010

LE PROFIL DU LEADER

DEFINITION

Le Leadership : terme anglais qui signifie fonctionner pour donner une direction, mettre en avant pour conduire une destinée. Le leader est un initiateur de causes, ou encore celui qui participe à l'accroissement et à l'orientation d'une vision vers le progrès.

Il faut d'abord dire que la notion de leadership est celle qui incarne le principe de l'autorité (dirigeant), elle répond au besoin structurel de la représentativité. Elle vise à rallier l'ensemble du peuple pour converger vers un but commun, mais aussi à forger une relation fraternelle solide qui englobe définitivement les gens à devenir un peuple acquis. Cette disposition permet de hisser en avant le nom de celui qui dirige et lui être totalement soumis pour faire avancer la vision et poursuivre les mêmes objectifs pour bâtir un projet commun.

Qui construit la vision?
A quoi sert-elle ?

Quels projets y sont attachés?
Pour quelles perspectives ?
Quel chemin ouvre-t-elle ?
Dans quel mandat s'inscrit-elle ?
Et, quels sont les hommes qui la soutiennent et qui peuvent la défendre ?

Ces questions permettent de recentrer l'enjeu fondamental du leadership et d'identifier ceux qui partagent avec conviction la vision. Elles suscitent le besoin de connaître son identité et le projet qu'on bâtit afin d'identifier son devoir. Car un peuple sans identité est un peuple qui ne veut pas de chef et ne peut pas changer de statut.

Exode chapitre 2 :11-14
En ce temps-là, Moïse, devenu grand, se rendit vers ses frères, et fut témoin de leurs pénibles travaux. Il vit un Égyptien qui frappait un Hébreu d'entre ses frères.
Verset 12 : Il regarda de côté et d'autre, et, voyant qu'il n'y avait personne, il tua l'Égyptien, et le cacha dans le sable.
Verset 13 : Il sortit le jour suivant; et voici, deux Hébreux se querellaient. Il dit à celui qui avait tort: Pourquoi frappes-tu ton prochain?
Verset 14 : Et cet homme répondit: Qui t'a établi chef et juge sur nous? Penses-tu me tuer, comme tu as tué l'Égyptien? Moïse eut peur, et dit: Certainement la chose est connue.

Il ressort ici qu'un peuple sans autorité, sans identité et sans dirigeant fort (acharné) est un peuple qui vit constamment dans le déchirement, à l'instar du peuple d'Israël qui n'avait pas de leader et donc qui n'avait pas besoin d'être ordonné. L'absence du choix d'un dirigeant fort plonge le peuple dans les querelles, cela dénote donc de l'inexistence d'un leadership et du contrôle par les forces du mal.

Notre questionnement permet de comprendre le sens du devoir, c'est-à-dire de l'engagement unilatéral pour demeurer fidèle, pour se consacrer et pour participer à la construction d'un destin basé sur le ralliement, à une cause fixée sur les lignes directrices dictées par une vision et s'inscrire dans le grand mandat de <u>Matthieu 28 : 18, 20</u> « *Jésus, s'étant approché, leur parla ainsi: Tout pouvoir m'a été donné dans le ciel et sur la terre (...) et enseignez-leur à observer tout ce que je vous ai prescrit. Et voici, je suis avec vous tous les jours, jusqu'à la fin du monde* ».

Il en est de même pour Moïse qui éprouvait le besoin de connaître son identité et le souci de ne plus voir son peuple dans le déchirement

<u>Hébreux chapitre 11 :24-27</u>
C'est par la foi que Moïse, devenu grand, refusa d'être appelé fils de la fille de Pharaon,
<u>Verset 25 :</u> aimant mieux être maltraité avec le peuple de Dieu que d'avoir pour un temps la jouissance du péché,
<u>Verset 26:</u> regardant l'opprobre de Christ comme une richesse plus grande que les trésors de l'Égypte, car il avait les yeux fixés sur la rémunération.
<u>Verset 27 :</u> C'est par la foi qu'il quitta l'Égypte, sans être effrayé de la colère du roi; car il se montra ferme, comme voyant celui qui est invisible.

Un peuple peut-il être restauré sans leader? Certainement pas. Il faut toujours des artisans, des défenseurs et des initiateurs de causes qui mènent le jeu et c'est ce que nous enseigne Matthieu 28 : 18, 20. C'est pourquoi Dieu choisit toujours les hommes qui le servent.

<u>Exode chapitre 3:4</u>
L'Éternel vit qu'il se détournait pour voir; et Dieu l'appela du milieu du buisson, et dit: Moïse! Moïse! Et il répondit: Me voici!

Exode chapitre 3: 12

Dieu dit : Je serai avec toi ; et ceci sera pour toi le signe que c'est moi qui t'envoie : quand tu auras fait sortir d'Égypte le peuple, vous servirez Dieu sur cette montagne.

Exode chapitre 18: 14-23

Le beau-père de Moïse vit tout ce qu'il faisait pour le peuple, et il dit: Que fais-tu là avec ce peuple? Pourquoi sièges-tu seul, et tout le peuple se tient-il devant toi, depuis le matin jusqu'au soir?

Verset 15: Moïse répondit à son beau-père: C'est que le peuple vient à moi pour consulter Dieu.

Verset 16: Quand ils ont quelque affaire, ils viennent à moi; je prononce entre eux, et je fais connaître les ordonnances de Dieu et ses lois.

Verset 17: Le beau-père de Moïse lui dit: Ce que tu fais n'est pas bien.

Verset 18 : Tu t'épuiseras toi-même, et tu épuiseras ce peuple qui est avec toi; car la chose est au-dessus de tes forces, tu ne pourras pas y suffire seul.

Verset 19: Maintenant écoute ma voix; je vais te donner un conseil, et que Dieu soit avec toi! Sois l'interprète du peuple auprès de Dieu, et porte les affaires devant Dieu.

Verset 20: Enseigne-leur les ordonnances et les lois; et fais-leur connaître le chemin qu'ils doivent suivre, et ce qu'ils doivent faire.

Verset 21: Choisis parmi tout le peuple des hommes capables, craignant Dieu, des hommes intègres, ennemis de la cupidité; établis-les sur eux comme chefs de mille, chefs de cent, chefs de cinquante et chefs de dix.

Verset 22: Qu'ils jugent le peuple en tout temps; qu'ils portent devant toi toutes les affaires importantes, et qu'ils prononcent eux-mêmes sur les petites causes. Allège ta charge, et qu'ils la portent avec toi.

Verset 23: Si tu fais cela, et que Dieu te donne des ordres, tu pourras y suffire, et tout ce peuple parviendra heureusement à sa destination.

C'est toujours par le choix d'un homme que Dieu conduit la destinée d'un peuple.

Nombre chapitre 27: 18-23
L'Éternel dit à Moïse: Prends Josué, fils de Nun, homme en qui réside l'esprit; et tu poseras ta main sur lui.
Verset 19: Tu le placeras devant le sacrificateur Éléazar et devant toute l'assemblée, et tu lui donneras des ordres sous leurs yeux.
Verset 20: Tu le rendras participant de ta dignité, afin que toute l'assemblée des enfants d'Israël l'écoute.
Verset 21: Il se présentera devant le sacrificateur Éléazar, qui consultera pour lui le jugement de l'urim devant l'Éternel; et Josué, tous les enfants d'Israël avec lui, et toute l'assemblée, sortiront sur l'ordre d'Éléazar et entreront sur son ordre.
Verset 22: Moïse fit ce que l'Éternel lui avait ordonné. Il prit Josué, et il le plaça devant le sacrificateur Éléazar et devant toute l'assemblée.
Verset 23: Il posa ses mains sur lui, et lui donna des ordres, comme l'Éternel l'avait dit par Moïse.

Deutéronome chapitre 34: 9
Josué, fils de Nun, était rempli de l'esprit de sagesse, car Moïse avait posé ses mains sur lui. Les enfants d'Israël lui obéirent, et se conformèrent aux ordres que l'Éternel avait donnés à Moïse.

Jean chapitre 21: 15-17
Après qu'ils eurent mangé, Jésus dit à Simon Pierre: Simon, fils de Jonas, m'aimes-tu plus que ne m'aiment ceux-ci ? Il lui répondit : Oui, Seigneur, tu sais que je t'aime. Jésus lui dit : Pais mes agneaux.
Verset 16: Il lui dit une seconde fois : Simon, fils de Jonas, m'aimes-tu? Pierre lui répondit : Oui, Seigneur, tu sais que je

t'aime. Jésus lui dit: Pais mes brebis.

Verset 17: Il lui dit pour la troisième fois : Simon, fils de Jonas, m'aimes-tu? Pierre fut attristé de ce qu'il lui avait dit pour la troisième fois : M'aimes-tu? Et il lui répondit : Seigneur, tu sais toutes choses, tu sais que je t'aime. Jésus lui dit : Pais mes brebis.

LA RESPONSABILITE DU LEADERSHIP

Romains chapitre 16: 17

Je vous exhorte, frères, à prendre garde à ceux qui causent des divisions et des scandales, au préjudice de l'enseignement que vous avez reçu. Éloignez-vous d'eux.

La force du leadership, c'est de considérer la dignité des gens pour servir tous ceux qui rentrent dans son champ d'action pour s'attacher à lui.

Il s'agit ici du sens de la mission, c'est à dire promouvoir l'étique au service du prochain, pour avoir une influence positive sur les individus comme sur la société.

1 Samuel chapitre 22: 1-2

David partit de là, et se sauva dans la caverne d'Adullam. Ses frères et toute la maison de son père l'apprirent, et ils descendirent vers lui.

Verset 2: Tous ceux qui se trouvaient dans la détresse, qui avaient des créanciers, ou qui étaient mécontents, se rassemblèrent auprès de lui, et il devint leur chef. Ainsi se joignirent à lui environ quatre cents hommes.

1 Chroniques chapitre 12: 8

Parmi les Gadites, des hommes vaillants partirent pour se rendre auprès de David dans la forteresse du désert, des soldats exercés à la guerre, armés du bouclier et de la lance, semblables à des lions, et aussi prompts que des gazelles sur les montagnes.

1 Chroniques chapitre 12:17

David sortit au-devant d'eux, et leur adressa la parole, en disant: Si vous venez à moi dans de bonnes intentions pour me secourir, mon cœur s'unira à vous; mais si c'est pour me tromper au profit de mes ennemis, quand je ne commets aucune violence, que le Dieu de nos pères le voie et qu'il fasse justice!

1 Chroniques chapitre 12: 21-22

Ils prêtèrent leur secours à David contre la troupe [des pillards Amalécites], car ils étaient tous de vaillants hommes, et ils furent chefs dans l'armée.

Verset 22: Et de jour en jour des gens arrivaient auprès de David pour le secourir, jusqu'à ce qu'il eût un grand camp, comme un camp de Dieu.

Le leadership c'est aussi considérer et valoriser ceux qui s'unissent à vous pour en faire des autorités spirituelles. C'est pourquoi ceux qui s'approchent d'un leader doivent afficher un comportement honorable pour lui apporter assistance et secours, afin de porter une grande vision et une grande Assemblée. A l'exemple de ceux qui se joignirent à David pour lui apporter secours, afin qu'ils forment une grande communauté, un grand camp ou encore un grand peuple.

Il faut considérer et avoir du respect pour son autorité spirituelle, savoir à qui on a recours en cas de besoin et sous quelle autorité spirituelle on est rattaché.

Actes chapitre 4: 32-33

La multitude de ceux qui avaient cru n'était qu'un cœur et qu'une âme. Nul ne disait que ses biens lui appartinssent en propre, mais tout était commun entre eux.

Verset 33: Les apôtres rendaient avec beaucoup de force témoignage de la résurrection du Seigneur Jésus. Et une grande grâce reposait sur eux tous.

Actes chapitre 6: 2-3

Les douze convoquèrent la multitude des disciples et dirent : Il n'est pas convenable que nous laissions la parole de Dieu pour servir aux tables.

Verset 3: C'est pourquoi, frères, choisissez parmi vous sept hommes, de qui l'on rende un bon témoignage, qui soient pleins d'Esprit Saint et de sagesse, et que nous chargerons de cet emploi.

Hébreux chapitre 13: 17

Obéissez à vos conducteurs et ayez pour eux de la déférence, car ils veillent sur vos âmes comme devant en rendre compte; qu'il en soit ainsi, afin qu'ils le fassent avec joie, et non en gémissant, ce qui vous ne serait d'aucun avantage.

Hébreux chapitre 13: 7

Souvenez-vous de vos conducteurs qui vous ont annoncé la parole de Dieu ; considérez quelle a été la fin de leur vie, et imitez leur foi.

Ainsi la vie spirituelle exige de l'ordre

1 Corinthiens chapitre 14: 33

Car Dieu n'est pas un Dieu de désordre, mais de paix. Comme dans toutes les Églises des saints,

1 Corinthiens chapitre 14: 40

Mais que tout se fasse avec bienséance et avec ordre.

L'image d'un leader doit être honorée, c'est lui qui transmet des aptitudes aux autres pour leur apprendre à fonctionner en autorité. Dieu veut que nous croyions au meilleur pour autrui. C'est pourquoi il choisit toujours un homme pour l'établir en autorité, dans le but de conduire la destinée des autres vers le succès, non pas comme un tyran, mais comme celui qui respecte son prochain pour glorifier le nom de Dieu.

Matthieu chapitre 12:18
Voici mon serviteur que j'ai choisi, Mon bien-aimé en qui mon âme a pris plaisir. Je mettrai mon Esprit sur lui, Et il annoncera la justice aux nations.

Romains chapitre 13: 1
Que toute personne soit soumise aux autorités supérieures; car il n'y a point d'autorité qui ne vienne de Dieu, et les autorités qui existent ont été instituées de Dieu.

1 Samuel chapitre 2: 30
C'est pourquoi voici ce que dit l'Éternel, le Dieu d'Israël: J'avais déclaré que ta maison et la maison de ton père marcheraient devant moi à perpétuité. Et maintenant, dit l'Éternel, loin de moi! Car j'honorerai celui qui m'honore, mais ceux qui me méprisent seront méprisés.

Ainsi, être leader n'est pas un privilège, mais il s'agit d'avoir un ensemble de devoirs particuliers.

1 Corinthiens chapitre 9: 16
Si j'annonce l'Évangile, ce n'est pas pour moi un sujet de gloire, car la nécessité m'en est imposée, et malheur à moi si je n'annonce pas l'Évangile !

Romains chapitre 14: 17-19
Car le royaume de Dieu, ce n'est pas le manger et le boire, mais

la justice, la paix et la joie, par le Saint Esprit.

Verset 18: Celui qui sert Christ de cette manière est agréable à Dieu et approuvé des hommes.

Verset 19: Ainsi donc, recherchons ce qui contribue à la paix et à l'édification mutuelle.

Dieu veut que nous soyons sérieux et respectueux dans ses affaires, agissons avec bienveillance et ordre, ceci en vue de construire durablement et de participer à l'évolution de la vision du père spirituel dont on dépend.

Exode chapitre 22: 28

Tu ne maudiras pas Dieu, et tu ne parleras en mal d'un prince de ton peuple.

Nous avons le mandat de renforcer l'unité et de créer l'esprit d'équipe qui œuvre pour l'accroissement de la vision

Nous sommes appelés à nous engager à faire aboutir les décisions qui sont ordonnées par le leader.

Il est important que chacun de nous prenne conscience de l'importance de tenir un même langage et d'être animé d'un même sentiment que le leader. Cette attitude va engendrer d'autres types de leaders, appelés leaders de vocation ou leaders de mission.

1 Thessaloniciens chapitre 1: 6-9

Et vous-mêmes, vous avez été mes imitateurs et ceux du Seigneur, en recevant la parole au milieu de beaucoup de tribulations, avec la joie du Saint Esprit,

Verset 7: En sorte que vous êtes devenus un modèle pour tous les croyants de la Macédoine et de l'Achaïe.

Verset 8: Non seulement, en effet, la parole du Seigneur a retenti de chez vous dans la Macédoine et dans l'Achaïe, mais votre foi en Dieu s'est fait connaître en tout lieu, de telle manière que nous n'avons pas besoin d'en parler.

Verset 9: Car on raconte, à notre sujet, quel accès nous avons eu auprès de vous, et comment vous vous êtes convertis à Dieu, en abandonnant les idoles pour servir le Dieu vivant et vrai

Les leaders de vocation ou leaders de mission deviennent des colonnes, des piliers dans la vision, des hommes indispensables, capables d'impacter, de s'investir à tout moment lorsqu'on a besoin d'eux.

Un leader de mission est utile dans le plan divin, il s'engage toujours à faire réussir la mission à laquelle, il est associé, il est plein de dynamisme et de force. Il n'a aucun mal à se disposer ou à recevoir les ordres et à s'occuper des missions qui lui sont confiées.

Ainsi donc, tout leader de mission et de vocation s'enrichit du bon dépôt qu'il reçoit de son père spirituel. Un leader de mission est un homme qui sait témoigner de la reconnaissance et qui sait plaire en toute chose à celui qui l'a équipé, instruit, préparé, entraîné, sans être contredisant, malhonnête, ingrat et traitre.

2 Timothée chapitre 2: 1
Toi donc, mon enfant, fortifie-toi dans la grâce qui est en Jésus Christ.

2 Timothée chapitre 3: 14
Toi, demeure dans les choses que tu as apprises, et reconnues certaines, sachant de qui tu les as apprises ;

2 Timothée chapitre 1: 14
Garde le bon dépôt, par le Saint Esprit qui habite en nous.

Par contre, un leader d'ambition est à priori celui qui recherche d'abord son intérêt personnel, il est rongé par l'envie et la soif du pouvoir. Il a l'art d'user d'artifices pour se faire passer pour un bon élément, mais en réalité ce dernier ne recherche que sa propre promotion, sa propre renommée.

C'est un expert en malice, dans l'art de la manipulation, son intention est factieuse, puisqu'il ne poursuit pas les mêmes buts et les mêmes objectifs que l'autorité dont il prétend dépendre, son père spirituel.

2 Pierre chapitre 2: 10-12

Ceux surtout qui vont après la chair dans un désir d'impureté et qui méprisent l'autorité. Audacieux et arrogants, ils ne craignent pas d'injurier les gloires,

Verset 11: Tandis que les anges, supérieurs en force et en puissance, ne portent pas contre eux de jugement injurieux devant le Seigneur.

Verset 12: Mais eux, semblables à des brutes qui s'abandonnent à leurs penchants naturels et qui sont nées pour êtres prises et détruites, ils parlent d'une manière injurieuse de ce qu'ils ignorent, et ils périront par leur propre corruption

Actes chapitre 20: 29-30

Je sais qu'il s'introduira parmi vous, après mon départ, des loups cruels qui n'épargneront pas le troupeau,

Verset 30: et qu'il s'élèvera du milieu de vous des hommes qui enseigneront des choses pernicieuses, pour entraîner les disciples après eux.

Ce type de leaders factieux se présentent comme des adversaires au développement et à l'accroissement de la vision. Ils s'opposent à toute possibilité d'action loyale (réussite et avancement)

Ils se nourrissent de dispute et sont rongés par l'envie et la rivalité qui donnent accès à la résistance à l'accomplissement de la vision. Ils ne sont pas préoccupés par le bien-être, l'harmonie et la paix de l'œuvre de leur père spirituel. Ils cherchent toujours un prétexte, la moindre occasion pour créer la dissension, la division, pour se mettre en avant et faire passer le père spirituel pour quelqu'un d'incorrect, de discourtois, et s'attirer ainsi la reconnaissance des membres de l'assemblée. Ils sont de véritables freins à l'épanouissement.

2 Timothée chapitre 1: 15

Tu sais que tous ceux qui sont en Asie m'ont abandonné, entre autres Phygelle et Hermogène.

2 Timothée chapitre 4: 10

Car Démas m'a abandonné, par amour pour le siècle présent, et il est parti pour Thessalonique ; Crescens est allé en Galatie, Tite en Dalmatie.

2 Timothée chapitre 4: 14

Alexandre, le forgeron, m'a fait beaucoup de mal. Le Seigneur lui rendra selon ses œuvres.

Tite chapitre 1: 4

A Tite, mon enfant légitime en notre commune foi: que la grâce et la paix te soient données de la part de Dieu le Père et de Jésus Christ notre Sauveur !

En revanche, chacun doit apprendre à fonctionner dans la présence d'un leader pour exprimer son potentiel créatif et être un modèle d'honneur qui sait mettre la joie et bannir la colère et la frustration.

La personnalité d'un leader de mission, consiste à mettre ses qualités au service des actions salvatrices, pour impacter ceux qui l'entourent. Il apporte la paix, la joie, l'amour au sein de la vision, pour repousser le mal, le mensonge, l'individualisme et les ambitions personnelles qui caractérisent les leaders d'opposition, les leaders factieux et usurpateurs, qui fragilisent toute la communauté et qui freinent l'épanouissement et la croissance collective.

L'INCOMPREHENSION DU LEADERSHIP: EMPRUT DE RIVALITE OU DE TROUBLES CONFLICTUELS

Matthieu chapitre 6: 24

Nul ne peut servir deux maîtres. Car, ou il haïra l'un, et aimera l'autre; ou il s'attachera à l'un, et méprisera l'autre. Vous ne pouvez servir Dieu et Mamon.

2 Corinthiens chapitre 6: 14-15

Ne vous mettez pas avec les infidèles sous un joug étranger. Car quel rapport y a-t-il entre la justice et l'iniquité? Ou qu'y a-t-il de commun entre la lumière et les ténèbres?

Verset 15: Quel accord y a-t-il entre Christ et Bélial? ou quelle part a le fidèle avec l'infidèle?

Le handicap dans le leadership se trouve dans la dualité du pouvoir, l'absence d'uniformisation (plusieurs groupes ont une vision antagoniste ou opposée à celle du leader), nourrit par la convoitise, les mauvaises humeurs qui déséquilibrent et perturbent toute possibilité de ralliement.

Ainsi, la structure et la gestion de la vision de l'église deviennent problématiques.

1 Corinthiens 3: 3-4

En effet, puisqu'il y a parmi vous de la jalousie et des disputes, n'êtes-vous pas charnels, et ne marchez-vous pas selon l'homme?

Verset 4: Quand l'un dit: Moi, je suis de Paul! Et un autre: Moi, d'Apollos! N'êtes-vous pas des hommes ?

2 Corinthiens 12: 20

Car je crains de ne pas vous trouver, à mon arrivée, tels que je voudrais, et d'être moi-même trouvé par vous tel que vous ne voudriez pas. Je crains de trouver des querelles, de la jalousie, des animosités, des cabales, des médisances, des calomnies, de l'orgueil, des troubles.

En effet, lorsque plusieurs groupes se forment dans une église, celle-ci devient une église partisane, autorisant à sa tête plusieurs chefs et plusieurs dirigeants qui se disputent le monopole de la décision.

Ces décisions contestées fragilisent la communion fraternelle au sein de l'église et entrainent des problèmes de résistance et de désobéissance à l'autorité.

Nombres chapitre 16: 1-3

Koré, fils de Jitsehar, fils de Kehath, fils de Lévi, se révolta avec Dathan et Abiram, fils d'Éliab, et On, fils de Péleth, tous trois fils de Ruben.

Verset 2 : Ils se soulevèrent contre Moïse, avec deux cent cinquante hommes des enfants d'Israël, des principaux de l'assemblée, de ceux que l'on convoquait à l'assemblée, et qui étaient des gens de renom.

Verset 3: Ils s'assemblèrent contre Moïse et Aaron, et leur dirent: C'en est assez ! Car toute l'assemblée, tous sont saints, et l'Éternel est au milieu d'eux. Pourquoi vous élevez-vous au-dessus de l'assemblée de l'Éternel ?

Lorsque les gens ne veulent pas reconnaître un leader, ils considèrent que celui-ci veut les dominer et les contrôler ou encore les empêcher de s'exprimer comme ils le souhaitent, en prétextant qu'il étouffe la manifestation du Saint Esprit en eux.

1 Corinthiens chapitre 1: 11
Car, mes frères, j'ai appris à votre sujet, par les gens de Chloé, qu'il y a des disputes au milieu de vous.
A cette lecture, on constate que l'église était en trouble avec plusieurs chefs, qui se déclaraient soit de Paul, soit d'Apollos ou de Christ.

Cet état révélait un conflit de rivalité, de représentativité et laissait planer sur l'église un climat délétère (malsain), dans une atmosphère de faction, de suspicion, d'incertitude, qui dégrade et fragilise les relations de communion fraternelle au sein de l'église. Ce climat emmène à s'interroger sur : qui est le véritable dirigeant, le véritable meneur ou le conducteur spirituel.

Romains chapitre 16: 17
Je vous exhorte, frères, à prendre garde à ceux qui causent des divisions et des scandales, au préjudice de l'enseignement que vous avez reçu. Éloignez-vous d'eux.

Romains chapitre 12: 3-10
Par la grâce qui m'a été donnée, je dis à chacun de vous de n'avoir pas de lui-même une trop haute opinion, mais de revêtir des sentiments modestes, selon la mesure de foi que Dieu a départie à chacun.
Verset 4: Car, comme nous avons plusieurs membres dans un seul corps, et que tous les membres n'ont pas la même fonction,
Verset 5: Ainsi, nous qui sommes plusieurs, nous formons un seul corps en Christ, et nous sommes tous membres les uns des autres.
Verset 6: Puisque nous avons des dons différents, selon la grâce qui nous a été accordée, que celui qui a le don de prophétie

l'exerce selon l'analogie de la foi;

Verset 7: que celui qui est appelé au ministère s'attache à son ministère; que celui qui enseigne s'attache à son enseignement, **Verset 8**: et celui qui exhorte à l'exhortation. Que celui qui donne le fasse avec libéralité; que celui qui préside le fasse avec zèle; que celui qui pratique la miséricorde le fasse avec joie. **Verset 9**: Que la charité soit sans hypocrisie. Ayez le mal en horreur; attachez-vous fortement au bien.

Verset 10: Par amour fraternel, soyez pleins d'affection les uns pour les autres; par honneur, usez de prévenances réciproques.

La responsabilité du croyant, c'est de comprendre comment fonctionner avec une autorité et comment marcher en poursuivant les directives qui ont été fixées par celle-ci pour faciliter le bon fonctionnement.

Romains chapitre 13: 2

C'est pourquoi celui qui s'oppose à l'autorité résiste à l'ordre que Dieu a établi, et ceux qui résistent attireront une condamnation sur eux-mêmes.

Romains chapitre 13: 5

Il est donc nécessaire d'être soumis, non seulement par crainte de la punition, mais encore par motif de conscience.

Romains chapitre 13: 7-10

Rendez à tous ce qui leur est dû : l'impôt à qui vous devez l'impôt, le tribut à qui vous devez le tribut, la crainte à qui vous devez la crainte, l'honneur à qui vous devez l'honneur.

Verset 8 : Ne devez rien à personne, si ce n'est de vous aimer les uns les autres; car celui qui aime les autres a accompli la loi.

Verset 9: En effet, les commandements : Tu ne commettras point d'adultère, tu ne tueras point, tu ne déroberas point, tu ne convoiteras point, et ceux qu'il peut encore y avoir, se résument dans cette parole : Tu aimeras ton prochain comme toi-même.

Verset 10: L'amour ne fait point de mal au prochain : l'amour est donc l'accomplissement de la loi.

Tout homme qui comprend la notion de l'autorité sait qu'on ne peut pas servir deux maîtres à la fois. Tels des athlètes positionnés pour une compétition, chacun d'eux court dans un couloir qui lui a été attribué dans le but de remporter le prix de la course. De même, le soldat qui combat est attaché au seul commandement à son autorité supérieure.

1 Corinthiens chapitre 9: 2
Si pour d'autres je ne suis pas apôtre, je le suis au moins pour vous; car vous êtes le sceau de mon apostolat dans le Seigneur.

Romains chapitre 16: 19
Pour vous, votre obéissance est connue de tous; je me réjouis donc à votre sujet, et je désire que vous soyez sages en ce qui concerne le bien et purs en ce qui concerne le mal.

La liberté du chrétien est tenue à sa responsabilité de savoir garder les mêmes sentiments avec son leader, d'affirmer avec force son dévouement, son attachement, son estime et choisir d'avoir la même opinion que son leader.

1 Corinthiens chapitre 1: 10
Je vous exhorte, frères, par le nom de notre Seigneur Jésus Christ, à tenir tous un même langage, et à ne point avoir de divisions parmi vous, mais à être parfaitement unis dans un même esprit et dans un même sentiment.

1 Corinthiens chapitre 11: 1-2
Soyez mes imitateurs, comme je le suis moi-même de Christ.
Verset 2: Je vous loue de ce que vous vous souvenez de moi à tous égards, et de ce que vous retenez mes instructions telles que je vous les ai données.

1 Corinthiens chapitre 4: 1-2
Ainsi, qu'on nous regarde comme des serviteurs de Christ, et des dispensateurs des mystères de Dieu.

 Verset 2 : Du reste, ce qu'on demande des dispensateurs, c'est que chacun soit trouvé fidèle.

Luc chapitre 14: 26
Si quelqu'un vient à moi, et s'il ne hait pas son père, sa mère, sa femme, ses enfants, ses frères, et ses sœurs, et même à sa propre vie, il ne peut être mon disciple.

2 Timothée chapitre 1: 8
N'aie donc point honte du témoignage à rendre à notre Seigneur, ni de moi son prisonnier. Mais souffre avec moi pour l'Évangile.

2 Corinthiens chapitre 3: 16
Mais lorsque les cœurs se convertissent au Seigneur, le voile est ôté.

2 Corinthiens chapitre 13: 11
Au reste, frères, soyez dans la joie, perfectionnez-vous, consolez-vous, ayez un même sentiment, vivez en paix; et le Dieu d'amour et de paix sera avec vous.

Nous sommes appelés à devenir des leaders de mission et non pas des leaders de rivalité, des leaders factieux et d'ambition personnelle.

En tant que leaders de mission, nous devons nous mettre au service de la vision pour contribuer à son élévation, à la stabilité, à l'équilibre et à la réussite de tous les projets initiés par le père spirituel.

Nous devons montrer notre dévouement et affirmer avec force notre attachement au conducteur spirituel, à celui qui incarne l'autorité.

Hébreux chapitre 13: 17

Obéissez à vos conducteurs et ayez pour eux de la déférence, car ils veillent sur vos âmes comme devant en rendre compte; qu'il en soit ainsi, afin qu'ils le fassent avec joie, et non en gémissant, ce qui vous ne serait d'aucun avantage.

Exode chapitre 22: 28

Tu ne maudiras pas Dieu, et tu ne parleras pas en mal d'un prince de ton peuple.

On doit s'unir autour du leader ; notre père spirituel comme les poussins vont se blottir sous les ailes de la poule pour se protéger de la pluie et même des rapaces.

2 Corinthiens chapitre 12: 11-12

J'ai été un insensé: vous m'y avez contraint. C'est par vous que je devais être recommandé, car je n'ai été inférieur en rien aux apôtres par excellence, quoique je ne sois rien.

Verset 12 : Les preuves de mon apostolat ont éclaté au milieu de vous par une patience à toute épreuve, par des signes, des prodiges et des miracles.

Chaque leader de mission doit être animé du désir de porter la vision du Torrent des Délices. Il doit aller au bout de ses convictions et tenir ferme face à l'épreuve, car il faut souligner que tout grand homme ne se découvre que devant une épreuve.

Le but d'un leader de mission c'est de fournir des efforts pour parvenir à surmonter une épreuve, il doit avoir une grande détermination. Et par conséquent, il doit se positionner pour témoigner de sa fidélité

Néhémie chapitre 2: 17-20

Je leur dis alors : Vous voyez le malheureux état où nous sommes ! Jérusalem est détruite, et ses portes sont consumées par le feu ! Venez, rebâtissons la muraille de Jérusalem, et nous ne serons plus dans l'opprobre.

Verset 18: Et je leur racontai comment la bonne main de mon Dieu avait été sur moi, et quelles paroles le roi m'avait adressées. Ils dirent : Levons-nous, et bâtissons ! Et ils se fortifièrent dans cette bonne résolution.

Verset 19: Sanballat, le Horonite, Tobija, le serviteur ammonite, et Guéschem, l'Arabe, en ayant été informés, se moquèrent de nous et nous méprisèrent. Ils dirent : Que faites-vous là ? Vous révoltez-vous contre le roi ?

Verset 20: Et je leur fis cette réponse : Le Dieu des cieux nous donnera le succès. Nous, ses serviteurs, nous nous lèverons et nous bâtirons ; mais vous, vous n'avez ni part, ni droit, ni souvenir dans Jérusalem

Néhémie chapitre 4: 7-13

Mais Sanballat, Tobija, les Arabes, les Ammonites et les Asdodiens, furent très irrités en apprenant que la réparation des murs avançait et que les brèches commençaient à se fermer.

Verset 8: Ils se liguèrent tous ensemble pour venir attaquer Jérusalem et lui causer du dommage.

Verset 9: Nous priâmes notre Dieu, et nous établîmes une garde jour et nuit pour nous défendre contre leurs attaques.

Verset 10: Cependant Juda disait: Les forces manquent à ceux qui portent les fardeaux, et les décombres sont considérables; nous ne pourrons pas bâtir la muraille.

Verset 11: Et nos ennemis disaient: Ils ne sauront et ne verront rien jusqu'à ce que nous arrivions au milieu d'eux; nous les tuerons, et nous ferons ainsi cesser l'ouvrage.

Verset 12: Or les Juifs qui habitaient près d'eux vinrent dix fois nous avertir, de tous les lieux d'où ils se rendaient vers nous.

Verset 13: C'est pourquoi je plaçai, dans les enfoncements derrière la muraille et sur des terrains secs, le peuple par familles, tous avec leurs épées, leurs lances et leurs arcs.

Le statut d'un leader de mission c'est de refléter l'espoir, réaliser les projets, les consignes et les recommandations confiés par l'autorité dont il dépend.

Il doit être le germe de la grâce et de la faveur à tout moment. Nous devons être animés par l'envie de réussir, d'être unis et unanimes aux recommandations ordonnées par le leader, afin d'éviter tout conflit de loyauté, de convoitise, de rivalité, qui empêcherait la compréhension et la bonne perception du leadership.

Nous devons être capables de nous fixer sur un but spécifique, de nous attacher à un père spirituel qui est la clé de l'accroissement de la vision.

Le père représente celui qui tient la main de l'enfant pour l'entretenir et l'élever. Mais il représente aussi l'autorité, dont l'enfant dépend, celui en qui il place l'espoir, lui faisant confiance.
Tenir la main, est un investissement digne de confiance. Ce signe est une valeur de solidarité familiale qui traduit l'accompagnement d'une histoire tout au long de la vie pour nous protéger mutuellement. L'enfant qui tient la main de son père a une attitude respectueuse, car, il accepte de marcher dans la même direction que son père. Le terme tenir la main représente une relation de continuité. L'enfant est aux yeux du père le fruit du lendemain, le possible espoir.
Le père représente aussi celui qui ôte l'erreur, les défauts dans la vie de l'enfant pour l'emmener au mérite et à revêtir des qualités, d'où l'importance du père d'assurer la grandeur d'esprit du fils.

Car, lorsqu'on on est sans père spirituel, on est aussi sans repères, donc sans direction ; on ne va nulle part, on n'a pas de but, on erre sans destination, on a aucune direction à suivre et on ne tient la main de personne.

Un fils spirituel est établi pour représenter valablement son père et pour tenir sa main. Il porte toutes les actions initiées par ce dernier. Il est la continuité et le prolongement de la bonne marche de la vision et a le contrôle sur la situation. Il pense au meilleur et s'engage toujours pour assurer la victoire et le progrès.

Hébreux chapitre 1: 1-3

Après avoir autrefois, à plusieurs reprises et de plusieurs manières, parlé à nos pères par les prophètes,

Verset 2: Dieu, dans ces derniers temps, nous a parlé par le Fils, qu'il a établi héritier de toutes choses, par lequel il a aussi créé le monde,

Verset 3: Et qui, étant le reflet de sa gloire et l'empreinte de sa personne, et soutenant toutes choses par sa parole puissante, a fait la purification des péchés et s'est assis à la droite de la majesté divine dans les lieux très hauts.

2 Corinthiens chapitre 6: 18

Je serai pour vous un père, Et vous serez pour moi des fils et des filles, Dit le Seigneur tout puissant

1 Corinthiens chapitre 4: 15-16

Car, quand vous auriez dix mille maîtres en Christ, vous n'avez cependant pas plusieurs pères, puisque c'est moi qui vous ai engendrés en Jésus Christ par l'Évangile.

Verset 15 : Je vous en conjure donc, soyez mes imitateurs.

Un fils spirituel doit s'investir dans la mission de l'occupation des territoires, de la guerre des territoires pour gagner les âmes perdues. Il doit avoir les réflexes de son père et être animé du désir de valoriser les décisions prises. Il doit être disponible en toute circonstance pour apporter le succès, la victoire et la grandeur, mais aussi être dynamique, enthousiaste, agile pour s'investir dans la mission excellente de gagneur d'âmes.

Luc chapitre 16: 10-12

Celui qui est fidèle dans les moindres choses l'est aussi dans les grandes, et celui qui est injuste dans les moindres choses l'est aussi dans les grandes.

Verset 11: Si donc vous n'avez pas été fidèle dans les richesses injustes, qui vous confiera les véritables?

Verset 12: Et si vous n'avez pas été fidèles dans ce qui est à autrui, qui vous donnera ce qui est à vous?

Proverbes chapitre 11: 30

Le fruit du juste est un arbre de vie, Et le sage s'empare des âmes.

PROBLEME DE LA HIERARCHIE: CONFLIT DE LOYAUTE

Jacques chapitre 4:1-2

D'où viennent les luttes, et d'ou viennent les querelles parmi vous? N'est-ce pas de vos passions qui combattent dans vos membres?

Verset 2: Vous convoitez, et vous ne possédez pas; vous êtes meurtriers et envieux, et vous ne pouvez pas obtenir; vous avez des querelles et des luttes, et vous ne possédez pas, parce que vous ne demandez pas.

Ceux qui s'égarent, les leaders factieux : Ce sont ceux qui n'ont pas de père, ils sont égoïstes, l'égocentriques, l'individualistes, méprisants et font preuve de négation vis-à-vis du père spirituel. Ils empruntent plusieurs destinations, véhiculent les problèmes et cherchent à discréditer le rôle du père spirituel, ils ne veulent pas fonctionner auprès d'une autorité. Ils sont comme la nuée qu'emporte le vent, ils prétendent être indépendants, mais sont chargés d'orgueil ; ils sont insoumis, n'hésitent pas à mépriser et à injurier l'autorité.

Ces gens aiment murmurer et se plaindre de tout. Ils sont furieux, excellent dans les paroles de médisance, et admirent les gens par motif d'intérêt. Ils provoquent des divisons et aiment convoiter ce qui appartient à autrui tout en le dénigrant.

Jude chapitre 1: 16
Ce sont des gens qui murmurent, qui se plaignent de leur sort, qui marchent selon leurs convoitises, qui ont à la bouche des paroles hautaines, qui admirent les personnes par motif d'intérêt.

Jude chapitre 1: 8
Malgré cela, ces hommes aussi, entraînés par leurs rêveries, souillent pareillement leur chair, méprisent l'autorité et injurient les gloires.

Exode chapitre 22: 28
Tu ne maudiras point Dieu, et tu ne maudiras point le prince de ton peuple.

2 Timothée chapitre 3: 13
Mais les hommes méchants et imposteurs avanceront toujours plus dans le mal, égarant les autres et égarés eux-mêmes.

Par contre, dans la maison de Dieu, on doit savoir grandir et apprécier les valeurs que l'on reçoit.

2 Thessaloniciens chapitre 1: 3
Que la grâce et la paix vous soient données de la part de Dieu notre Père et du Seigneur Jésus Christ!
Verset 3 : Nous devons à votre sujet, frères, rendre continuellement grâces à Dieu, comme cela est juste, parce que votre foi fait de grands progrès, et que la charité de chacun de vous tous à l'égard des autres augmente de plus en plus.

Partant de ce postulat, on doit savoir qui on fréquente, quel but que l'on poursuit et qui est notre père spirituel.

Nous devons dépasser la tradition qui dit que Dieu est partout, pour finalement être sans destination. En effet, Dieu est une autorité qui demeure dans la vie d'un homme spirituel dont il mesure la fidélité par son engagement dans une assemblée et vis-à-vis du leader pour préserver l'harmonie et l'avenir de l'église. Cet avenir ne peut se construire que si ses membres ne sont pas sujets à désertion, mais au contraire affichent leur ultime dévouement à leur église. Chaque membre doit s'impliquer dans la fréquentation régulière de l'assemblée pendant les jours de cultes. Par cette attitude, les membres manifestent leur cohésion au groupe en vue de l'édification mutuelle. C'est dans cette cohésion que se fait l'apprentissage du leadership et que s'acquiert les aptitudes d'un bon dirigeant spirituel. Car, la récompense d'un leader en devenir se fait dans la constance de ses rapports avec son conducteur spirituel, l'apôtre Paul n'invite-t-il pas les Corinthiens à être ses imitateurs comme il l'est lui-même de Christ? (1Corinthiens11 :1).

La fidélité à un dirigeant prépare à devenir un bon dirigeant selon qu'il est écrit dans Luc 16 : 12 : « *Et si vous n'avez pas été fidèles dans ce qui est à autrui, qui vous donnera ce qui est à vous?* »

Hébreux chapitre 10: 25
N'abandonnons pas notre assemblée, comme c'est la coutume de quelques-uns; mais exhortons-nous réciproquement, et cela d'autant plus que vous voyez s'approcher le jour.

Soyons en contact avec des modèles de sagesse, des gens qui sont capables d'influencer positivement nos vies, de nous emmener à prendre des résolutions fermes, à passer du pire au meilleur.

1 Corinthiens chapitre 12: 4-7
Il y a diversité de dons, mais le même Esprit ;
Verset 5 : diversité de ministères, mais le même Seigneur;
Verset 6 : diversité d'opérations, mais le même Dieu qui opère tout en tous.

Verset 7 : Or, à chacun la manifestation de l'Esprit est donnée pour l'utilité commune.

Romains chapitre 13: 1
Que toute personne soit soumise aux autorités supérieures; car il n'y a point d'autorité qui ne vienne de Dieu, et les autorités qui existent ont été instituées de Dieu.

Quand on a des enfants spirituels, on doit leur inculquer le sens de l'honneur et du devoir à l'autorité.
Chaque leader d'une assemblée doit produire un témoignage efficace, un témoignage qui apporte force, courage et une lueur d'espoir aux autres. Car, Dieu rime avec excellence, honneur et prospérité.

Jacques chapitre 1: 17
Toute grâce excellente et tout don parfait descendent d'en haut, du Père des lumières, chez lequel il n'y a ni changement ni ombre de variation.

3 Jean chapitre 1: 2
Bien-aimé, je souhaite que tu prospères à tous égards et sois en bonne santé, comme prospère l'état de ton âme.

Tout Leader doit savoir que Dieu accorde un charisme d'exception, à condition qu'il sache que c'est pour le mettre au service de l'utilité commune et non pas pour une ambition personnelle. Malheureusement, beaucoup de personnes utilisent les dons de Dieu pour leur propre promotion, plutôt que de les mettre au service de l'édification commune.

Chaque personne peut utiliser ses dons spirituels et ses talents, à condition qu'il poursuive les mêmes objectifs que son père spirituel.

Exemple, si on prie pour un malade chez soi, c'est pour le diriger à l'église et non pas pour le garder dans sa propre cour. Car avoir cette attitude, c'est mettre en échec la croissance de la vision et l'édification commune.

Tout collaborateur et collaboratrice, leadership en mission doit viser les mêmes objectifs que le leader, et ainsi contribuer au succès de la vision. Il doit avoir le souci de la qualité, de la croissance et être motivé par le désir d'aider et de soutenir toutes les résolutions prises. Car la bonne marche d'une vision tient à la contribution des leaders de mission, autant dans la fréquentation régulière des réunions de l'assemblée que dans la bonne humeur qui se dégage de leur vie.

Ainsi, un bon collaborateur se soucie d'abord d'entretenir de bonnes relations avec son leadership(son père spirituel). Il est rempli d'amour, il est constructif et se réjouit du bonheur des autres. Il cherche à être serviable, il ne connaît pas la jalousie, il n'agit ni avec ruse, ni par motif d'intérêt, il a une conduite droite, évite de blesser et de provoquer des scandales. Il ne supporte pas d'agir avec légèreté, il aime porter la cause de ceux qui sont faibles et aime se placer du côté de la vérité et sait supporter les épreuves. Il est animé de sentiments agréables et sait apprécier autrui par motif de progrès. Il considère que la joie doit être primordiale pour guider les autres et laisser un bon témoignage.

La fidélité de tout enfant spirituel, c'est d'assurer la protection de son père spirituel ; de lui être favorable en toute circonstance et de ne jamais changer de cap dans les situations difficiles. Mais, au contraire endurer ensemble les épreuves, sans faiblir pour servir et ne jamais abandonner

Le leader de mission doit être intègre et doit agir avec honnêteté, bonté et bienveillance.

Psaumes chapitre 26: 1

Rends-moi justice, Éternel ! Car je marche dans l'intégrité, Je me confie en l'Éternel, je ne chancelle pas.

Proverbes chapitre 10: 9
Celui qui marche dans l'intégrité marche avec assurance, Mais celui qui prend des voies tortueuses sera découvert.

Philippiens chapitre 4: 4-9
Réjouissez-vous toujours dans le Seigneur ; je le répète, réjouissez-vous.

Verset 5: Que votre douceur soit connue de tous les hommes. Le Seigneur est proche.

Verset 6: Ne vous inquiétez de rien ; mais en toute chose faites connaître vos besoins à Dieu par des prières et des supplications, avec des actions de grâces.

Verset 7: Et la paix de Dieu, qui surpasse toute intelligence, gardera vos cœurs et vos pensées en Jésus Christ.

Verset 8 : Au reste, frères, que tout ce qui est vrai, tout ce qui est honorable, tout ce qui est juste, tout ce qui est pur, tout ce qui est aimable, tout ce qui mérite l'approbation, ce qui est vertueux et digne de louange, soit l'objet de vos pensées.

Verset 9: Ce que vous avez appris, reçu et entendu de moi, et ce que vous avez vu en moi, pratiquez-le. Et le Dieu de paix sera avec vous.

2 Corinthiens chapitre 13: 11-12
Au reste, frères, soyez dans la joie, perfectionnez-vous, consolez-vous, ayez un même sentiment, vivez en paix ; et le Dieu d'amour et de paix sera avec vous.

Verset 12: Saluez-vous les uns les autres par un saint baiser.

L'ACCOMPLISSEMENT DE LA VISION

Pour chaque vie, Dieu tient une feuille de route comme il l'a fait avec le peuple d'Israël. Et, l'heureuse destination qu'il avait en vue pour ce peuple malgré les 40 ans dans le désert ; c'était la conquête de Canaan.

Dieu a une stratégie pour ceux qu'il appelle, il donne une direction et fixe un but à atteindre. Toutefois, on peut rire ou pleurer, faire des exploits dans son parcours mais ne jamais perdre l'objectif fixé de sa vie. Nous devons donc garder le cap fixé par Dieu, le but initial et essentiel qu'il trace pour notre vie. N'agissons pas à l'exemple de Saül qui a transgressé le rôle qu'il n'avait pas. Quand Dieu avait choisit Saül comme roi d'Israël, il lui adressa une recommandation « *je t'établis roi, mais je te demande d'exterminer tes ennemis* ». Mais Saül, n'obéit pas aux recommandations de l'Eternel; contre Amalek il ramena avec lui le roi Agag et les trésors de guerre qui lui était interdit d'épargner (**1 Samuel 15**). Saül n'avait pas gardé le cap que Dieu lui avait fixé, en retour Dieu l'a destitué et David fut oint roi d'Israël à sa place.

L'identité du dirigeant : la responsabilité du mandat

Lorsque nous cherchons Dieu, il nous envoie toujours dans un lieu où le servir sous les ordres d'un dirigeant. Nous n'accédons jamais à la puissance de Dieu sans y être introduit par un oint de Dieu. Ainsi, l'histoire d'un peuple commence à changer lorsqu'il est soumis à une stricte organisation, qui sert à créer des liens indestructibles qui lui permettent de croitre sous la direction d'un leader.

A l'inverse, Saül n'a pas su garder les recommandations de Dieu transmises par le prophète Samuel. Outrepassant son devoir, il a exécuté un sacrifice qui n'était pas de son ressort, mais strictement réservé au prophète Samuel.

Nous devons garder les limites que nous fixent les fondements de la parole de Dieu sans vouloir outrepasser nos droits et attiser la colère de Dieu. Car, la désobéissance est aussi coupable que la divination et la résistance ne l'est pas moins que la rébellion (l'idolâtrie) (**1Samuel 15:22**).

Servir Dieu c'est honorer les leaders dont nous dépendons, c'est avoir à leur égard de la déférence et de l'estime, afin qu'ils se réjouissent à notre sujet, comme nous le recommande **Hébreux 13 :17** « Obéissez à vos conducteurs et ayez pour eux de la déférence, car ils veillent sur vos âmes comme devant en rendre compte; qu'il en soit ainsi, afin qu'ils le fassent avec joie, et non en gémissant, ce qui vous ne serait d'aucun avantage. »

Dieu veut que nous soyons des hommes et des femmes engagés, discrets, soumis et obéissants. Car, un homme bon ne peut grandir spirituellement que s'il est le maillon fort d'une chaîne qui s'investit pour oeuvrer à la réalisation de la vision dont il dépend. Et, plus est, l'homme bon se place toujours en faveur de l'autorité pour donner le meilleur de ses qualités et former ainsi un tandem pour jouer collectif, faire un travail d'équipe et renforcer l'unité et l'entente. Il doit tenir un bon coeur c'est-à-dire être de bon gré, de bonne volonté pour collaborer dans la fidélité et l'intégrité, pour ainsi appartenir définitivement à une famille spirituelle portée par un mentor, un dirigeant.

Dieu veut faire de chacun de ses enfants des piliers propices à accompagner le leader à atteindre ses buts. Dieu veut faire de nous des vainqueurs, des sources de dévouement et d'investissement, des meneurs de mission, des héros prêts à défendre la vision contre les leaders factieux révoltés et rebelles qui menacent l'équilibre et la stabilité de la vision. Dieu cherche avant tout des champions de la foi, des défenseurs de causes qui représentent l'espoir, la victoire, qui osent annoncer l'évangile et qui affirment leurs convictions à appartenir à une famille spirituelle.

Dieu veut que nous décollions avec lui, que nous nous impliquions à faire réussir la vision et que nous soyons concernés par les mêmes motivations que l'homme de Dieu. Comme Aaron et sa barbe qui représentait l'autorité de Dieu au sein de l'assemblée d'Israël, par qui la bénédiction et la vie passaient pour bénir le peuple. Car la bénédiction du peuple dépend de son affinité avec l'homme de Dieu qu'il a établi à ses côtés. Ainsi le peuple ne peut évoluer spirituellement que s'il est solidairement uni à la barbe et aux vêtements de l'homme de Dieu. Cette image véhicule le caractère d'avoir une préférence, un même sens d'intérêt que l'homme de Dieu. Et, on finit toujours par ressembler à celui qu'on admire.

2Corinthiens chapitre 3:18
Nous tous qui, le visage découvert, contemplons comme dans un miroir la gloire du Seigneur, nous sommes transformés en la même image, de gloire en gloire, comme par le Seigneur, l'Esprit.

Galates chapitre 2:20

J'ai été crucifié avec Christ; et si je vis, ce n'est plus moi qui vis, c'est Christ qui vit en moi; si je vis maintenant dans la chair, je vis dans la foi au Fils de Dieu, qui m'a aimé et qui s'est livré lui-même pour moi.

Le fils recolte toujours la moisson du père parce qu'il lui ressemble et exprime les mêmes motivations. le fils représente la force qui croit, qui fait grandir et qui sait étendre la renomée de son père. Il permet qu'on admire celui-ci, il se préoccupe de développer l'oeuvre, de préserver l'unité et de permettre sa continuité. Car, il sait que le père s'attache à ceux qui s'impliquent dans son oeuvre, comme tous les gens qui finissent par s'attacher à ceux qui les encouragent, qui les font passer d'un état de faiblesse à un état de force, de mépris à la dignité et du pire au meilleur.

Actes chapitre 26 :16-18

Mais lève-toi, et tiens-toi sur tes pieds; car je te suis apparu pour t'établir ministre et témoin des choses que tu as vues et de celles pour lesquelles je t'apparaîtrai.

Verset 17 Je t'ai choisi du milieu de ce peuple et du milieu des païens, vers qui je t'envoie,

Verset 18 afin que tu leur ouvres les yeux, pour qu'ils passent des ténèbres à la lumière et de la puissance de Satan à Dieu, pour qu'ils reçoivent, par la foi en moi, le pardon des péchés et l'héritage avec les sanctifiés.

Toute révélation est le résultat du maître qui nous a appris à interpréter la parole de Dieu, c'est pourquoi il faut savoir de qui tient-on la révélation, c'est-à-dire l'art d'interpréter les choses cachées. Car, celui qu'on écoute nous communique et nous transmet les aptitudes pour recevoir les révélations. Ce transfert de dons ne se communique que si les brebis reconnaissent la voix de leur maître. Si on ne reconnait pas la voix d'un maître c'est qu'on avorte son autorité, c'est que l'on considère qu'il est insignifiant et qu'on peut faire mieux que lui.

Jean chapitre 10 :3,14, 26-27

Le portier lui ouvre, et les brebis entendent sa voix; il appelle par leur nom les brebis qui lui appartiennent, et il les conduit dehors.

Verset 14 Je connais mes brebis, et elles me connaissent,

Verset 26 Mais vous ne croyez pas, parce que vous n'êtes pas de mes brebis.

Verset 27 Mes brebis entendent ma voix; je les connais, et elles me suivent.

Il revient donc au mâitre de reconnaître chacune de ses brebis afin de mieux les instruire et de leur transmettre les aptitudes

Proverbes chapitre 27 :23

Connais bien chacune de tes brebis, Donne tes soins à tes troupeaux

Matthieu chapitre 6 :33

Cherchez premièrement le royaume et la justice de Dieu; et toutes ces choses vous seront données par-dessus

Tout cela répond à des critères biens précis qui se présentent en cinq principes :

Ecclésiaste chapitre 12 :13

Les paroles des sages sont comme des aiguillons; et, rassemblées en un recueil, elles sont comme des clous plantés, données par un seul maître.

Daniel chapitre 12 :3

Ceux qui auront été intelligents brilleront comme la splendeur du ciel, et ceux qui auront enseigné la justice, à la multitude brilleront comme les étoiles, à toujours et à perpétuité.

1. **Se laisser enseigner**

2. **Se laisser équiper et instruire par un seul berger**, car chaque maison a ses codes et ses règles

3. **Agir selon l'ordre de l'homme de Dieu** : l'autorité spirituelle est un berger et vous ne lui obéissez pas parce qu'elle est sans défauts, mais tout simplement parce que c'est elle que Dieu a choisi. Là où l'autorité spirituelle est avortée, les miracles se font rares, puisque le statut du leader est méprisé.

4. **Etre gardien de la vision**, consiste à préserver la prééminence de la vision face aux calomnies des détracteurs. Car, notre leadership ne se manifeste que dans le lieu où nous sommes utiles et où nous assumons une responsabilité collective basée sur l'amour de la croissance de l'œuvre.

5. **Etre toujours en communion avec son responsable spirituel**, c'est savoir dépendre d'un modèle que nous imitons à l'exemple d'Elisée qui imitait le prophète Elie.

En définitive, nous devons essentiellement savoir que l'œuvre de Dieu est structurelle, elle permet de promouvoir la dignité et le droit divin de l'homme. Elle permet aussi de créer une perception collective pour réaliser une vision et passer d'un type de groupe d'individus isolés pour devenir une véritable famille spirituelle unanime capable de créer une dynastie d'unité imposante et former ainsi le royaume des cieux investi dans l'éternité. Car il n'y a aucune cause plus importante que de bâtir le royaume des cieux.

1 Pierre chapitre 2: 9-10

Vous, au contraire, vous êtes une race élue, un sacerdoce royal, une nation sainte, un peuple acquis, afin que vous annonciez les vertus de celui qui vous a appelés des ténèbres à son admirable lumière.

Verset 10: vous qui autrefois n'étiez pas un peuple, et qui maintenant êtes le peuple de Dieu, vous qui n'aviez pas obtenu miséricorde, et qui maintenant avez obtenu miséricorde.

ASSEMBLEE CHRETIENNE
TORRENT DES DELICES

N° Siret: 48019445500014 APE 913A

Venez, approchez-vous de Dieu et Il s'approchera de vous

« Je (Jésus) suis le chemin, la vérité et la vie. Nul ne vient au Père que par moi. »
Jean 14.6

Réunion d'enseignements : Tous les Vendredis 19h – 21h
Culte hebdomadaire : Tous les Dimanches 11h – 13h

CONTACTS

Tel.: (33) (0) 6 88 44 44 80/ (33) (0) 6 69 01 89 71

Mail: torrentdesdelices@gmail.com

Visitez notre site Internet et restez connecter
au Torrent des Délices sur www.torrentdesdelices.net